Mystery zum Vormärz: Burschenschaften, nationale und liberale Ideen und Demagogenverfolgung

Als Grundlage dient folgende fiktive Geschichte:
Konrad, ein Student, dessen Vater in den Befreiungskriegen starb, ist national und liberal eingestellt. Als Burschenschaftler nimmt er an einer Gedenkveranstaltung für Karl Ludwig Sand teil und wird deswegen zusammen mit seinen zwei besten Freunden, Hans und Viktor, von der Polizei ins Visier genommen. Da sie dies bemerken, beratschlagen sie ihr weiteres Vorgehen: Hans will in die USA auswandern und sich dort weiter für die Demokratie einsetzen, Viktor ist hingegen so entmutigt, dass er es für das Beste hält, sich politisch nicht mehr zu betätigen, sein Studium friedlich zu beenden und doch noch auf eine Staatsanstellung zu hoffen. Konrad aber wird die Entscheidung abgenommen, denn ein Spitzel des gefürchteten preußischen Polizeidirektors Karl Albert von Kamptz verrät schließlich den Wachtmännern sein Versteck. Er wird festgesetzt und von der Universität geworfen und ist verdammt dazu, ein kärgliches Dasein zu führen. Als Beweise gegen ihn werden entweder Reliquien des Attentäters Sand (z.B. Locke oder Devotionalien des Schafotts) oder verbotene Literatur, bspw. von E.T.A. Hoffmann, konfisziert.

Umgewandelt in folgende Rätselgeschichte:
Konrad stand eine Universitätsklausur bevor, doch er konnte sich nicht konzentrieren. Er wusste, er wurde verfolgt und dachte: „Vater, verzeih mir, ich weiß nicht, was ich machen soll. Dein Andenken von 1813 verraten will ich nicht – doch was tun?"

Für einige Zeit glaubte er noch, eine Chance gehabt zu haben, immerhin sollte die Anstrengung der letzten Jahre nicht umsonst gewesen sein. Ob er vielleicht noch eine Zukunft hatte, wenn er sich wie sein Freund, der biedere Viktor, verhielt? Oder sollte er gleich alles aufgeben und seinem anderen Freund Hans auf die weite Reise nachfolgen?

Was sie an seinem Schreibtisch fanden, überführte ihn aber. Wenn er doch nur vorsichtiger gewesen wäre ...

Basiskarten: M1, M3-M7, M10-M14, M16-M20
Vertiefungskarten: M2, M8, M9
Hilfskarten: M15, M21

Rätselgeschichte:
Konrad stand eine Universitätsklausur bevor, doch er konnte sich nicht konzentrieren. Er wusste, er wurde verfolgt und dachte: „Vater, verzeih mir, ich weiß nicht, was ich machen soll. Dein Andenken von 1813 verraten will ich nicht – doch was tun?"

Für einige Zeit glaubte er noch, eine Chance gehabt zu haben, immerhin sollte die Anstrengung der letzten Jahre nicht umsonst gewesen sein. Ob er vielleicht noch eine Zukunft hatte, wenn er sich wie sein Freund, der biedere Viktor, verhielt? Oder sollte er gleich alles aufgeben und seinem anderen Freund Hans auf die weite Reise nachfolgen?

Was sie an seinem Schreibtisch fanden, überführte ihn aber. Wenn er doch nur vorsichtiger gewesen wäre ...

1. Lest die Mystery-Geschichte und notiert zunächst Fragen, die sich aus der Mystery-Geschichte ergeben, ohne vorher die Kärtchen anzuschauen.
2. Findet anschließend im Team eine Antwort auf diese Fragen, indem ihr die Karten gemeinsam durchgeht. Ordnet und verbindet sie auf sinnvolle Weise miteinander, um so die Lösung deutlich zu machen und sie dem Kurs präsentieren zu können. Möglicherweise findet ihr durch die Lektüre der Kärtchen Antworten auf Fragen, die sich erst im Laufe der Zeit ergeben. Diese sollen natürlich auch in eure Struktur einfließen.

Wissenszuwachs

3. Besprecht gemeinsam, welches weitere (über die reine Lösung des Mysterys hinausgehende) Wissen ihr aus der Erarbeitung gewonnen habt und überlegt euch überordnende Kategorien hierfür.
4. Notiert gemeinsam dieses neu gewonnene Wissen. Kategorisiert, strukturiert ausführlich und stellt es später dem Kurs vor.

Bewertung

5. Gebt pro Gruppe diese strukturierte Übersicht und eine „Wissensübersicht" zur Bewertung für eure Gruppenarbeit ab.

Was die Methode Mystery mit dem Konstruktionscharakter der Geschichte gemein hat

Der Konstruktionscharakter von Geschichte besagt, dass die Vergangenheit nicht direkt erfahrbar ist, sondern nur durch die Auswertung von Quellen rekonstruiert werden kann. Diese Quellen können unterschiedlicher Art sein, wie zum Beispiel Texte, Bilder, archäologische Funde oder statistische Daten. Historiker müssen also die verfügbaren Quellen sorgfältig auswählen, interpretieren und gegeneinander abwägen, um ein möglichst genaues Bild der Vergangenheit zu erhalten. Da die Quellen jedoch immer von bestimmten Perspektiven und Interessen geprägt sind, kann die Rekonstruktion der Vergangenheit nie vollständig objektiv sein.

Was Mysterys sind

Die Methode „Mystery" unterstützt den Konstruktionscharakter der Geschichte, indem sie die Schülerinnen und Schüler dazu ermutigt, aktiv mit der Vergangenheit zu arbeiten und diese aus verschiedenen Perspektiven zu betrachten. Sie stärkt auch die Entwicklung kritischen Denkens und die Fähigkeit, Argumente auf der Grundlage von Beweisen und Quellen zu bilden.

Mysterys sind eine neue und immer beliebtere Unterrichtsmethode. Sie zeichnen sich durch ihren spielerisch-entdeckenden Charakter aus, der – ähnlich den aktuellen „Escape Rooms" – ein zu lösendes Rätsel in den Mittelpunkt des Unterrichts stellt. Dies hat positive Auswirkungen auf die Motivation der Schülerinnen und Schüler. Die Mystery-Methode, die ursprünglich für den Geografieunterricht entwickelt wurde, fördert aber auch das vernetzte Denken. Dabei nutzt sie problemorientierte Leitfragen und eine Reihe von bruchstückhaften Informationen, die den Lernenden in Form von ca. 16–30 Kärtchen zur Verfügung gestellt werden. Diese Informationen werden von den Lernenden in kooperativer Gruppenarbeit ausgewertet, geordnet und visualisiert. Die Antwort auf die Leitfrage wird am Ende durch die Präsentation des erarbeiteten Wirkungsgefüges vorgestellt und diskutiert. Die Mystery-Methode fördert also sowohl Fachkenntnisse als auch methodische Kompetenzen wie das Aufdecken von Zusammenhängen oder Widersprüchen und das Präsentieren von Ergebnissen bei den Lernenden. Um ein Mystery durchzuführen, sind in der Regel ein bis zwei Doppelstunden erforderlich. In Mysterys werden folgende Kompetenzen geschult:

- Informationen bewerten und gewichten (Unterscheidung zwischen relevanten, weniger relevanten und irrelevanten Informationen)
- Informationen ordnen und strukturieren (Gruppierung von zusammengehörigen Informationen und Entwicklung einer geeigneten Ordnungsstruktur für die Karten)
- Informationen miteinander in Beziehung setzen und vernetztes Denken anwenden (Untersuchung von Zusammenhängen zwischen Einzelinformationen, Formulierung und Überprüfung von Hypothesen, Erforschung von Ursache- und Wirkungsbeziehungen)

Die in diesem Heft vorgestellten Mysterys bestehen aus drei unterschiedlichen Kartentypen, wobei der Großteil sich aus den Basiskarten zusammensetzt, die zur Lösung der Mysterys nötig sind. Die Hilfekarten sollen schwächeren Gruppen bei der Auseinandersetzung helfen und erst auf Nachfrage ausgeteilt werden. Die Vertiefungskarten hingegen geben leistungsstärkeren Gruppen die Möglichkeit, sich tiefergehend mit einzelnen Aspekten des Mysterys auseinanderzusetzen.

Wie Mystery-Ergebnisse im Unterricht erzielt und besprochen werden

Eine häufig verwendete Methode, um Lösungen für Mysterys darzustellen, ist die Verwendung eines Wirkungsgefüges. Hierbei werden die Informationen der Kärtchen in einen allgemeineren Kontext gebracht, indem sie unter Überschriften (Subthema 1, etc.) angeordnet werden. Dies ermöglicht es, sowohl die thematische Ordnung der Kärtchen als auch die Querbezüge zwischen den einzelnen Kärtchen zu erkennen. Zudem können sinnvolle Zusammenhänge zur Ausgangsgeschichte und zur Leitfrage hergestellt werden. Die Kärtchen werden von den einzelnen Gruppen am besten auf größeren Plakaten ausgelegt, fixiert und mit Pfeilen, Symbolen und Ergänzungen versehen. Das Wirkungsgefüge ermöglicht es, eine ausführliche Antwort zu formulieren und zu begründen.

Es ist wichtig, dass den Lernenden die Mystery-Methode vorab erklärt wird, damit sie das Vorgehen kennen. Da diejenigen, die die Methode nicht kennen, Schwierigkeiten haben könnten, ein Strukturdiagramm zu erstellen, empfiehlt es sich, die grafische Darstellung von Vernetzungen im Vorfeld zu üben, beispielsweise anhand von Schlüsselbegriffen aus einem Lehrbuchtext.

Anschließend bietet es sich an, das Strukturdiagramm mithilfe der Mystery-Karten in Form einer arbeitsgleichen Gruppenarbeit zu erstellen. Dies ermöglicht es allen Lernenden, sich mit der Leitfrage auseinanderzusetzen und unterschiedliche Deutungsmöglichkeiten und Vernetzungen zu entwickeln. Die Aufgabenstellung wird von den Lernenden eigenverantwortlich und kooperativ erarbeitet, indem sie in der Gruppe ihre Vermutungen äußern und alle an der Legung einer Struktur beteiligt sind. Dabei müssen sie eventuell Kompromisse eingehen und sich gegenseitig helfen.

Beiden Mysterys in diesem Heft ist eine Musterlösung beigefügt, die exemplarischen Charakter hat. Die Hilfs-Vorlagen (leere Musterlösungen) können bei Bedarf leistungsschwächeren Gruppen zur Verfügung gestellt werden. Dabei sollte aber beachtet werden, dass sie das Denken, Strukturieren und gemeinsame Schlussfolgern stark lenken und dem Mystery ein Stück weit seinen Reiz nehmen und sich somit negativ auf die Motivation auswirken können.

Diese Art der Gruppenarbeit bietet besonders denjenigen Lernenden, die im Unterrichtsgespräch eher zurückhaltend sind und Angst vor falschen Antworten haben, die Möglichkeit, sich zu entfalten. Auch innerhalb einer Gruppe können leistungsstärkere Schüler den leistungsschwächeren Hilfestellungen geben und so optimale Arbeitsergebnisse erzielen.

Inhaltliche Vorbemerkungen und konkrete Bezüge zu den Mysterys

Mystery 1: Burschenschaften, nationale und liberale Ideen und Demagogenverfolgung

Der Vormärz (1815 und 1848) war eine Zeit des Umbruchs und der politischen Unruhen, die letztendlich zur Märzrevolution von 1848 führte. Einige zentrale Aspekte des Vormärzes sind die folgenden:

Die Befreiungskriege gegen Napoleon Bonaparte, auf die der Wiener Kongress 1815 folgte, hatten zu einer Neuordnung Europas geführt. Deutschland bestand nun aus 39 unabhängigen Staaten, die jedoch unter der Führung Preußens und Österreichs standen. Burschenschaften, studentische Vereinigungen, die sich für ein vereintes und demokratisches Deutschland und Freiheit der Wissenschaft und Bildung einsetzten, waren ein wichtiger Teil des politischen und gesellschaftlichen Lebens im Vormärz. Die politische Landschaft Deutschlands war von absoluter Monarchie geprägt, u.a. waren die Presse- und Meinungsfreiheit eingeschränkt. Die Regierungen verfolgten und behinderten aktiv die demokratischen Bestrebungen, insbesondere die Burschenschaften. Die Unzufriedenheit unter der Bevölkerung wuchs durch Maßnahmen wie die sogenannte Demagogenverfolgung. Insbesondere unter den Bürgern und Intellektuellen, die Forderungen nach politischen und gesellschaftlichen Reformen stellten, gab es auch eine wachsende wirtschaftliche Unsicherheit aufgrund des Umbruches der Wirtschaft im Zuge der aufkommenden Industrialisierung. Diese führte dabei z.T. zu Auswanderung vieler Menschen aus Deutschland, bspw. nach Nordamerika, wo die USA als Land der unbegrenzten Möglichkeiten gesehen wurden.

Mystery 1 stellt mithilfe der fiktiven Figur „Konrad", einem national und liberal gesinnten Universitätsstudenten und Burschenschaftler, die Auseinandersetzung der Anhänger dieser neuen Bewegung mit den restaurativen Kräften der monarchischen Staaten in den Mittelpunkt. Als reale Antagonisten werden dabei Clemens von Metternich und Karl Albert von Kamptz samt ihrer Ansichten und Maßnahmen, insbesondere der Karlsbader Beschlüsse, vorgestellt. Dabei wird auch auf den Mord von Karl Ludwig Sand an August von Kotzebue eingegangen, um die Radikalität der Auseinandersetzung hervorzuheben. Die Migration politischer und wirtschaftlicher Flüchtlinge in die USA und der Rückzug ins Private der Biedermeierzeit bilden schließlich die Endpunkte der Auseinandersetzung und stellen damit die Folgen des staatlichen Vorgehens in dieser historischen Untersuchung vor.

Mystery 2: Monarchischer Nationalstaat gegen die sozialistische Arbeiterschaft

Das Deutsche Kaiserreich, das 1871 unter Kaiser Wilhelm I. gegründet wurde, stand von Anfang an im Konflikt mit der Sozialdemokratie und ihren Vorgängern. Die Feindschaft zwischen der SPD (offiziell am 23. Mai 1863 gegründet) und dem Kaiserreich ist auf die fundamental unterschiedlichen Ideologien und Vorstellungen von Legitimität der Herrschaft zurückzuführen. Die SPD forderte eine demokratische Herrschaftsform, die auf der Durchsetzung der Interessen der Arbeiterklasse basierte und das allgemeine Wahlrecht einforderte. Dies stand im Widerspruch zur autoritären und monarchischen Herrschaftsform des Kaiserreichs, die auf dem Erhalt des Status quo und der Macht der herrschenden Elite basierte.

Attentate auf Kaiser Wilhelm I. spielten eine wichtige Rolle bei der Haltung der Eliten des Kaiserreichs gegenüber der SPD und der Arbeiterbewegung im Allgemeinen. Die im Jahr 1878 verübten Anschläge trugen dazu bei, das Bild der Arbeiterbewegung und insbesondere der SPD in der Öffentlichkeit als gewalttätig und gefährlich zu verfestigen. Sie ermöglichten es der Regierung, harte Repressionen gegen die Arbeiterbewegung zu rechtfertigen. Schon seit den 1870er Jahren versuchte Bismarck, die SPD durch Repressionen zu unterdrücken. So wurden einige ihrer Führer verhaftet und ihre Zeitungen verboten. 1878 wurde das Sozialistengesetz verabschiedet, das es der Regierung ermöglichte, die SPD und andere sozialistische Organisationen in ihrer Arbeit stark einzuschränken. Trotz dieser Maßnahmen gelang es der SPD, ihre Mitgliederzahl und ihren Einfluss in der Arbeiterklasse zu erhöhen.

Der Gedenktag zur Schlacht von Sedan war demgegenüber ein wichtiger Feiertag im Deutschen Kaiserreich, der jedes Jahr am 2. September begangen wurde, um an den Sieg über Frankreich im Deutsch-Französischen Krieg von 1870–1871 zu erinnern. Dieser Tag hatte eine große symbolische Bedeutung für das Kaiserreich und seine Bevölkerung und wurde oft mit Militärparaden und Feierlichkeiten begangen, die dazu beitrugen, die Loyalität der Bevölkerung zum Kaisertum zu stärken und den Nationalstolz zu fördern. Es war ein Tag, um die nationale Einheit und die Stärkung des deutschen Selbstbewusstseins zu feiern.

Bei dem zugehörigen Mystery werden zwei (der fünf bekannten) Attentate auf Kaiser Wilhelm I. zum Anlass genommen, die unterschiedlichen staatlichen Maßnahmen und Einstellungen in der Bevölkerung des Kaiserreichs dem Nationalismus und dem Sozialismus gegenüber zu thematisieren:

Das Attentat von Oskar Becker, 1861 aus nationalistischen Gründen verübt, zeigt durch die nachfolgende persönliche Begnadigung des Täters durch Wilhelm I., wie versöhnlich die Staatsmacht dieser politischen Ideologie gegenüberstand – konnte man sich des Nationalismus doch auch zur Festigung der eigenen Macht bedienen, wie man an den Festlichkeiten zum Gedenktag zur Schlacht von Sedan erkennen kann.

Von den beiden 1878 auf Wilhelm I. durchgeführten Attentaten (Max Hödel: 11. Mai und Karl Eduard Nobiling: 2. Juni) wurde in diesem Mystery exemplarisch das zweite ausgewählt, weil danach die Sozialistengesetze im Reichstag angenommen wurden. Das Mystery thematisiert dann auch die Folgen für Sozialisten und die Sozialdemokratie, von der persönlichen Verfolgung über die Zensur und die Parteienverbote bis hin zu den steigenden Wahlergebnissen und der wachsenden Unterstützung für die Sozialdemokratie.

Hilfs-Vorlage

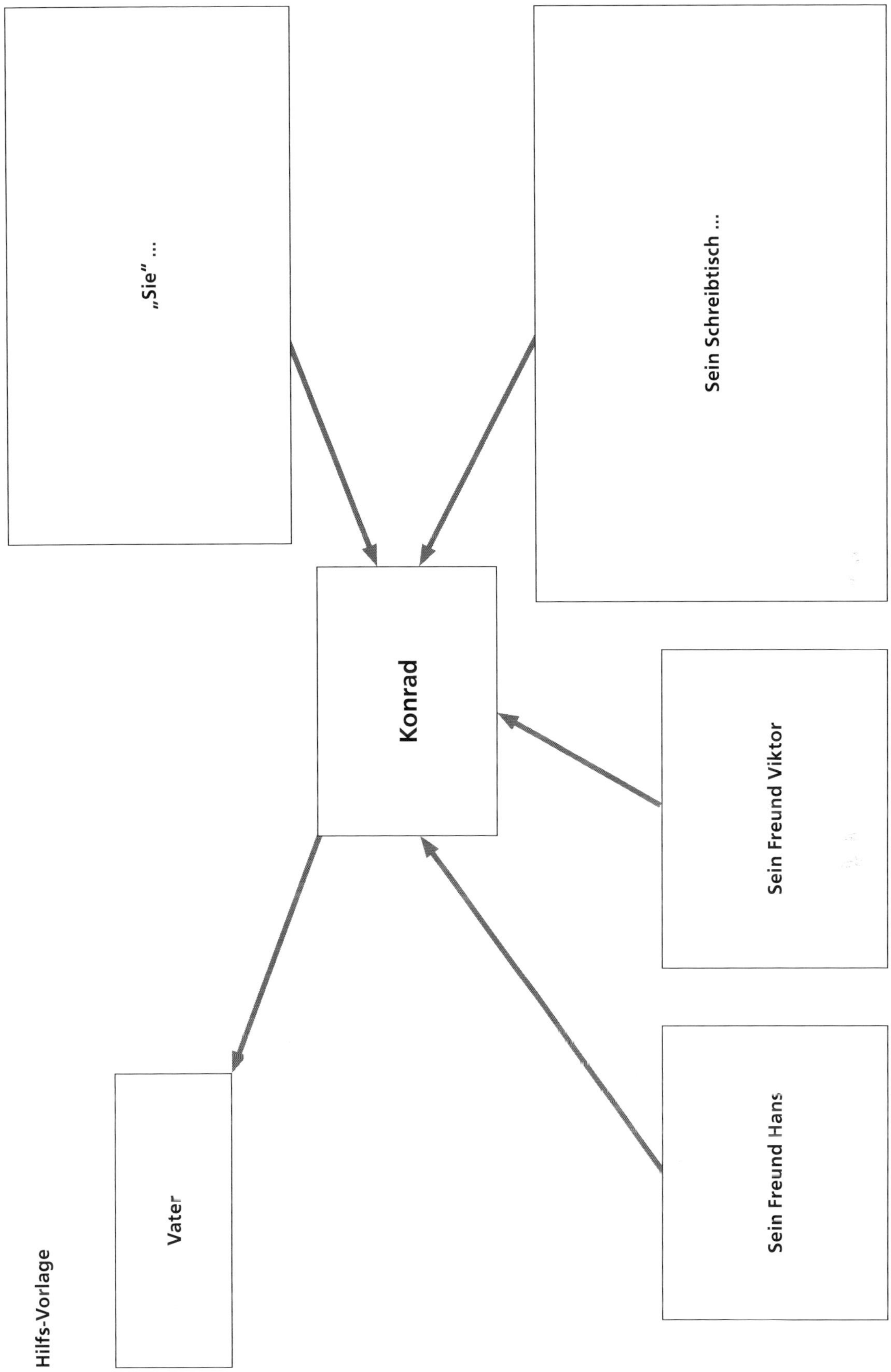

M1 Beobachtung von Universitäten

§ 1 Es soll bei jeder Universität ein mit zweckmäßigen Instructionen und ausgedehnten Befugnissen versehener [...] außerordentlicher landesherrlicher Bevollmächtigter [...] angestellt werden. [Seine Aufgabe ist es] über die strengste Vollziehung der bestehenden Gesetze und Disciplinar-Vorschriften zu wachen [...]

§ 2 Die Bundesregierungen verpflichten sich [...] öffentliche Lehrer, die durch erweisliche Abweichung von ihrer Pflicht oder Ueberschreitung der Grenzen ihres Berufes, durch Mißbrauch ihres rechtmäßigen Einflusses auf die Gemüther der Jugend, durch Verbreitung verderblicher, der öffentlichen Ordnung und Ruhe feindseliger oder die Grundlagen der bestehenden Staatseinrichtungen untergrabender Lehren [...] von den Universitäten und sonstigen Lehranstalten zu entfernen[, sie dürfen ...] in keinem andern Bundesstaate bei irgend einem öffentlichen Lehr-Institute wieder angestellt werden.

Karlsbader Beschlüsse: Universitätsgesetz vom 20. September 1819.

M2 Vertiefungskarte: Pressegesetz

§ 1 Solange als der gegenwärtige Beschluß in Kraft bleiben wird, dürfen Schriften, die in der Form täglicher Blätter oder heftweise erscheinen, deßgleichen solche, die nicht über 20 Bogen im Druck stark sind, in keinem deutschen Bundesstaate ohne Vorwissen und vorgängige Genehmhaltung der Landesbehörden zum Druck befördert werden.

§ 7 Wenn eine Zeitung oder Zeitschrift durch einen Ausspruch der Bundesversammlung unterdrückt worden ist, so darf der Redacteur derselben binnen fünf Jahren in keinem Bundesstaate bei der Redaction einer ähnlichen Schrift zugelassen werden.

Karlsbader Beschlüsse: Preßgesetz vom 20. September 1819 „Provisorische Bestimmungen hinsichtlich der Freiheit der Presse".

M3 Verbot von Burschenschaften

§ 3 Die seit langer Zeit bestehenden Gesetze gegen geheime oder nicht autorisirte Verbindungen auf den Universitäten sollen in ihrer ganzen Kraft und Strenge aufrechterhalten, und insbesondere auf den seit einigen Jahren gestifteten, unter dem Namen der allgemeinen Burschenschaft bekannten Verein um so bestimmter ausgedehnt werden, als diesem Verein die schlechterdings unzulässige Voraussetzung einer fortdauernden Gemeinschaft und Correspondenz zwischen den verschiedenen Universitäten zum Grunde liegt. Den Regierungs-Bevollmächtigten soll in Ansehung dieses Punktes eine vorzügliche Wachsamkeit zur Pflicht gemacht werden.

Die Regierungen vereinigen sich darüber, daß Individuen, die nach Bekanntmachung des gegenwärtigen Beschlusses erweislich in geheimen oder nicht autorisirten Verbindungen geblieben oder in solche getreten sind, bei keinem öffentlichen Amte zugelassen werden sollen.

Karlsbader Beschlüsse – Universitätsgesetz vom 20. September 1819.

M4 Fürst Clemens von Metternich

* 1773; † 1859 deutscher Diplomat; Staatsmann im Dienste Österreichs, ab 1809 Außenminister (Gemälde von Thomas Lawrence).

Metternich war ein führender Politiker der Restaurations- und Biedermeierzeit und diente als politischer Architekt der Heiligen Allianz. Er stand für das monarchische Prinzip und bekämpfte die nationalen und liberalen Bewegungen besonders in Deutschland und Italien. In diesem Zusammenhang setzte er die Karlsbader Beschlüsse durch, welche die Autorität der absoluten Monarchie in Europa stärken sollten.

M5 Hinrichtung von Karl Ludwig Sand

Kolorierter Kupferstich, vermutlich von J. M. Voltz, 1820.

M6 Ermordung von August von Kotzebue

Kolorierter Kupferstich, vermutlich von J. M. Voltz, 1820.

M7 Verehrung Karl Ludwig Sands im Vormärz

Der Attentäter Sand wurde bereits bei seiner Hinrichtung zu einem Symbol für Einheit und Freiheit. Taschentücher wurden in sein Blut getaucht, Locken von seinem Kopf abgeschnitten und Späne vom Schafott abgebrochen. Der Henker baute sich mit dem Holz des Schafotts ein Häuschen, in dem die geheime Burschenschaft tagte. Sands Grab wurde ein politischer Wallfahrtsort, dort gewachsene Blätter und Blüten waren überaus beliebt. Im Vormärz wurde Sand zu einem politischen Heiligen, idealisierten Vorkämpfer und Identifikationsfigur vor allem im radikaldemokratischen und nationalen Flügel der Burschenschaft.

Bildnachweis: Phaeton 1 (CC BY-SA 3.0).

M8 Vertiefungskarte: „Biedermeier" und „bieder"

Ludwig Eichrodt, ein Dichter und Jurist, erfand zusammen mit seinem Studienfreund Adolf Kußmaul die Figur des treuherzigen Gottlieb Biedermaier, einem schwäbischen Dorfschullehrer. Eichrodt beschrieb Biedermaier als jemanden, dessen kleine Stube, enger Garten, unansehnliche Flecken und dürftiges Leben als verachteter Dorfschulmeister ihm irdische Glückseligkeit verliehen. Biedermaier war der Inbegriff der Biederkeit, der sich nicht für politisches Treiben interessierte und als kleingeistig angesehen wurde.

Das Adjektiv „bieder" ist ein historisches Wort, das ursprünglich „rechtschaffen" und „geradezu" bedeutete. Es kommt aus dem Althochdeutschen (ahd. pidarpi, biderbi, alts. bitherbi) und dem Mittelhochdeutsch (mhd. biderbe). In der Redewendung „treu und bieder" wurde es im 19. Jahrhundert noch positiv verwendet. Heutzutage wird es jedoch eher negativ verwendet und bedeutet „einfältig" oder „altbacken".

M9 Vertiefungskarte: Gedicht „An die Auswanderer" (1833)

(1) Wie preis't euch Deutschen man so sehr
Ein Paradies dort über'm Meer?
Was drängt, der Zukunft unbewußt,
Euch von der Heimath Mutterbrust? [...]
(10) Im Vaterland der eigne Heerd
Der bleibt dem Deutschen lieb und werth,
Und was er drinnen wirkt und schafft,
Bewährt des Deuschen innre Kraft.
(11) Und durch ein unauflöslich Band
Geknüpft an Fürst und Vaterland,
Steht er mit alter Deutscher Treu
In allen Stürmen kräftig bey,
(12) Und weichet nicht von Treu und Pflicht,
Und weicht vom Vaterlande nicht,
Weil er, bey trüber Gegenwart,
Auf bessre Zukunft ruhig harrt.
(13) Auf seiner Fürsten Biedersinn
Blickt stets sein Fleiß vertrauend hin;
Er spricht, baut er sein täglich Brod:
Den guten Fürsten segne Gott! [...]

Das Amerikabild im Jahrhundert der Auswanderung, nach: http://www.nausa.uni-oldenburg.de/juerjens/dokumentation.html, abgerufen am 7.2.2024.

M10 Berichte aus der Neuen Welt – 1. Hälfte des 19. Jh.

Den fünften Januar waren wir ganz nahe an der amerikanischen Küste und am achten Januar nachmittags um drei Uhr stiegen wir in New York ans Land. Es ist eine herrliche Stadt und ich glaube der schönste und größte Seehafen in der Welt. Kaum war unser Schiff in der Nähe von der Stadt, so kamen schon einige Mäkler und Gastwirthe in Booten heran und im Hafen angekommen, so waren mehr Mäkler und Gastwirthe an Bord unseres Schiffes, als Passagiere. Nun war ich endlich in New York und mein erster Gang war nach der deutschen Gesellschaft, welche mir aber einen schlechten Trost gab, denn sie sagten mir, es wären 8000 Fremde hier arbeitslos und welche Zahl täglich durch ankommende Einwanderer vermehrt würde.

Nach: Karl Heinrich – Auswanderer, Brieffunde (Heißersehntes Amerika – Auf den Spuren deutscher Auswanderer), Folge 1: Die alte Welt liegt hinter mir, swr2.de.

M11 Deutsche Einwanderung in die USA 1830–1871

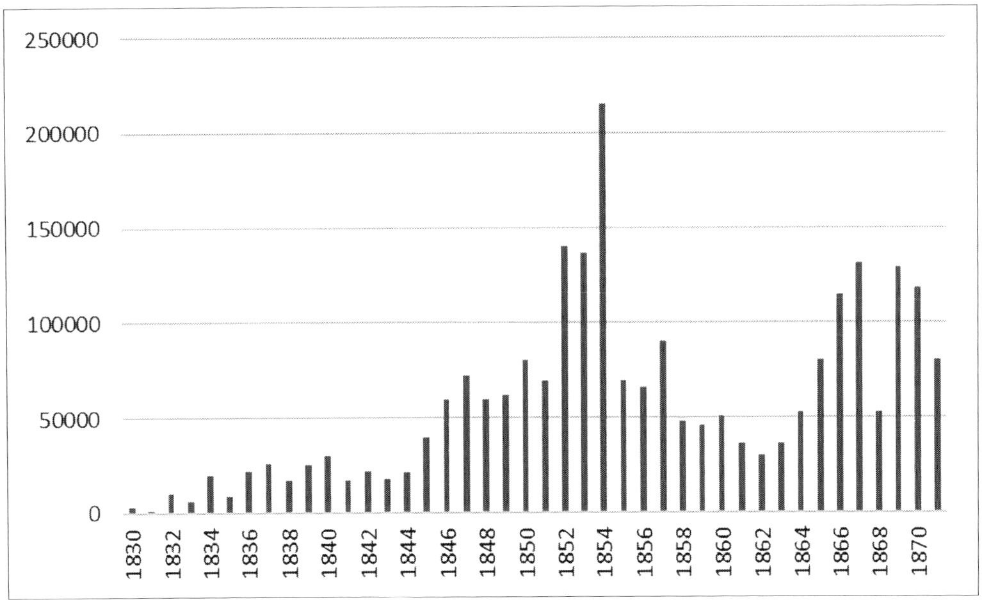

Zusammengestellt nach: United States Bureau Census, Historical Statistics of the United States: Colonial Times to 1970 (Washington, D.C.), Serien C 89-119 und dem jährlichen Statistical Abstract of the United States seit 1971.

M12 Studentenbekenntnis

Erhoben von dem Gedanken an ein gemeinsames Vaterland, durchdrungen von der heiligen Pflicht, die jedem Deutschen obliegt, auf Belebung deutscher Art und deutschen Sinnes hinzuwirken, hierdurch deutsche Kraft und Zucht zu erwecken, mithin die vorige Ehre und Herrlichkeit unsres Volkes wieder fest zu gründen und es für immer gegen die schrecklichste aller Gefahren, gegen fremde Unterjochung und Despotenzwang zu schützen, ist ein Teil der Studierenden in Jena zusammengetreten und hat sich beredet, eine Verbindung unter dem Namen einer Burschenschaft zu gründen.

Verfassungsurkunde der Jenaischen Burschenschaft vom 12. Juni 1819.

M13 Persiflage oder Kunstwerk?

Karikatur: Hoffmann, auf dem Kater Murr reitend, kämpft gegen die preußische Bürokratie.

In einem Schreiben vom 31. Januar 1822 richtete der preußische Polizeidirektor Karl Albert von Kamptz einen Bericht an den Minister des Inneren und der Polizei, Friedrich von Schuckmann, in Bezug auf das Werk „Meister Floh" des Autors E.T.A. Hoffmann. Darin beschreibt er die Inhalte und seine Bedenken hinsichtlich der Veröffentlichung dieses Werkes und gibt mögliche Empfehlungen zu dessen Behandlung:

Der von dem Kammergerichtsrat Hoffmann der Wilmansschen Buchhandlung zum Verlag gegebene Roman „Meister Floh" ist weniger die Darstellung einer zusammenhängenden abgeschlossenen Begebenheit als vielmehr ein Vehikel, die verschiedenartigsten Gegenstände vorzutragen und zu persiflieren.

M14 Leben und Einstellung: August von Kotzebue

August von Kotzebue, geboren am 3.5.1761 in Weimar; ermordet am 23.3.1819 in Mannheim.

August von Kotzebue war ein Schriftsteller, der aus einer angesehenen Kaufmanns- und Ratsfamilie in Weimar stammte. Er war bekannt dafür, unzählige sentimentale oder moralisch anspruchslose Dramen zu schreiben, die ein breites Publikum ansprachen und das Theaterrepertoire in Deutschland beeinflussten. Im Jahr 1817 kehrte er nach Weimar zurück und gründete das „Litterarische Wochenblatt“, in dem er sich öffentlich gegen die politischen Ziele der studentischen Turnerbünde und Burschenschaften sowie gegen die Ideen von Demokratie und Pressefreiheit wandte.

M15 Hilfskarte: Politischer Umschwung in Preußen

Die liberale Phase in Preußen endete 1815. Die Regierung setzte Polizeispitzel ein, um Predigten und andere öffentliche Veranstaltungen von führenden Intellektuellen zu überwachen.

Die preußische Regierung ging besonders hart gegen diejenigen vor, die in Veröffentlichungen, Vorträgen und öffentlichen Anlässen für die nationale und liberale Bewegung eintraten. Unter den Verfolgten waren auch prominente Teilnehmer der Befreiungskriege, die aus ihren Ämtern entlassen und teilweise zu Gefängnisstrafen verurteilt wurden.

M16 Die Familie als Sicherheit

Die „Biedermeierzeit“ war eine Ära, die nach dem Ende des napoleonischen Krieges begann. In dieser Zeit herrschten politische Führer, die eine konservative und reaktionäre Haltung vertraten und eine Rückkehr zu traditionellen Werten und Institutionen anstrebten. Diese Epoche wurde auch als „Zeit der Restauration“ bezeichnet. In dieser Periode war politische Teilhabe und Kritik unerwünscht und konnte unter Umständen scharf bestraft werden. Diese Einschränkungen missfielen vielen, die für mehr Freiheit und Demokratie eintraten. Doch für viele Menschen bedeutete der Rückzug ins Private mehr Sicherheit. Familie war in dieser Zeit von großer Bedeutung und das Leben im eigenen Zuhause stand im Vordergrund. Dies kann in Gemälden dieser Zeit gut beobachtet werden, in denen die „heile Familie“ immer mehr im Fokus stand.

M17 Justizminister Karl Albert von Kamptz

Karl Albert von Kamptz, geboren am 16. September 1769 in Schwerin; gestorben am 3. November 1849 in Berlin.

Kamptz war zeitlebens sehr konservativ eingestellt und wurde in der Presse deshalb als „Liberalen-Fresser“ bezeichnet. Der Schriftsteller E. T. A. Hoffmann karikierte ihn in seinem Werk „Meister Floh“ als „Polizeischnüffler Knarrpanti“. Kamptz trat besonders in der Verfolgung von revolutionären Umtrieben und der Bücherverbrennung beim Wartburgfest 1817 im Großherzogtum Sachsen-Weimar-Eisenach hervor. Er war neben Klemens Wenzel Lothar von Metternich einer der härtesten Gegner und Verfolger der erst 1816 in Preußen erlassenen Pressefreiheit.

copy

M18 Wartburgfest 1817

Studenten ziehen zur Wartburg, unbekannter Künstler.

Im Jahr 1817 trafen sich Studenten aus fast allen evangelischen Universitäten in Deutschland am 18. Oktober auf der Wartburg im Großherzogtum Sachsen-Weimar-Eisenach in Thüringen, um den 300. Jahrestag des Beginns der Reformation und den 4. Jahrestag der Schlacht bei Leipzig zu feiern. Die Versammlung, an der etwa 500 Studenten und einige Professoren teilnahmen, war ein Protest gegen die reaktionäre Politik und die Kleinstaaterei sowie ein Aufruf für den Aufbau eines Nationalstaats mit einer eigenen Verfassung. Die Wartburg, die 1521/22 als Zufluchtsort von Martin Luther diente, galt als nationales Symbol Deutschlands.

M19 Tod von August von Kotzebue

Kupferstich eines unbekannten Künstlers.

copy

M20 Befreiungskriege 1813

Der Begriff „Befreiungskriege" bezieh sich auf die kriegerischen Auseinandersetzungen in Mitteleuropa von 1813 bis 1815, die dazu führten, dass die französische Vorherrschaft unter Napoleon Bonaparte über große Teile des europäischen Kontinents beendet wurde. Im Jahr 1813 bildete sich ein Militärbündnis gegen das Französische Kaiserreich. In Deutschland entstand dadurch eine antifranzösische und national orientierte Publizistik, die eine Basis für den deutschen Nationalismus im 19. und 20. Jahrhundert schuf. Der anfänglich auch mit ideologischen Untertönen geführte Volkskrieg wurde insbesondere von Metternich in einen Krieg der Regierungen umgewandelt, um ein Gleichgewicht der alten Mächte wiederherzustellen. Danach versuchte man die nationalen und liberalen Bestrebungen der Bevölkerungen zu unterdrücken.

M21 Hilfskarte: Der Begriff „Demagoge"

Zu Beginn des 19. Jahrhunderts wurden begabte Redner noch als „Demagogen" geschätzt, aber die Karlsbader Beschlüsse 1819 führten zu einer Veränderung im Verständnis des Begriffs „Demagogie" mit einer deutlich negativen Konnotation. Die politische Reaktion bezeichnete ihre Gegner als Demagogen und führte zahlreiche Zwangsmaßnahmen (Zensur, Lehrverbote etc.) gegen sie ein. Unter dem Namen Demagogenverfolgung gingen Vertreter des Deutschen Bundes gegen deutsch-nationale und liberale Gruppen und Einzelpersonen vor, die man des Umsturzes und Aufruhrs beschuldigte. Nach 1830 wurden die Maßnahmen gegen die „demagogischen Umtriebe" erneut durchgesetzt und trafen besonders die Burschenschaftler.

Beispiellösung

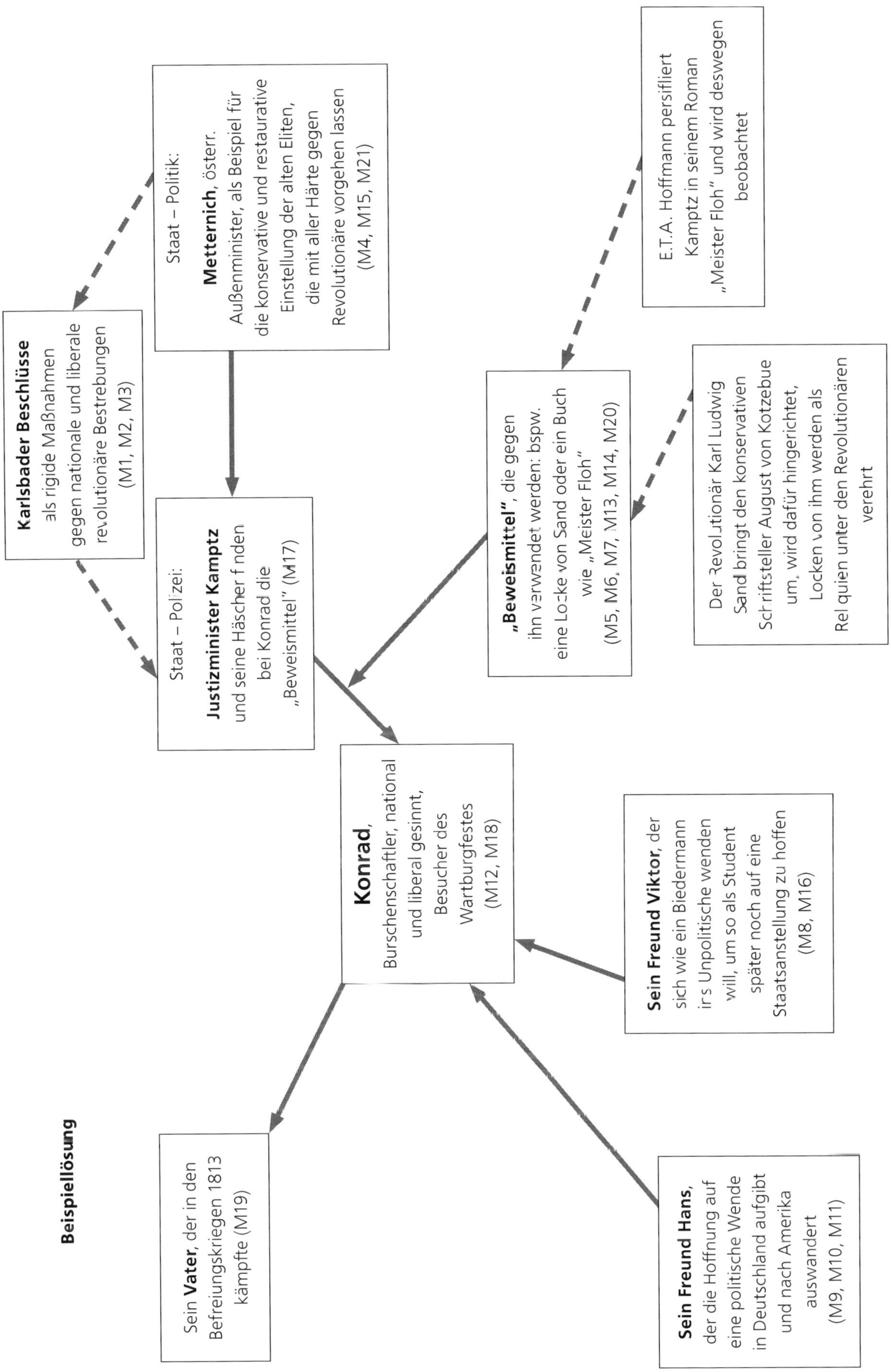

Mystery zu den Sozialistengesetzen: Monarchischer Nationalstaat gegen die sozialistische Arbeiterschaft

Als Grundlage dienen folgende Bezugspunkte[1]:
Ein Attentat auf Wilhelm I. wurde am 14. Juli 1861 von Oskar Becker, einem Studenten aus Leipzig, verübt. Der König befand sich während seiner Kur in Baden-Baden und machte wie gewöhnlich einen Vormittagsspaziergang, als Becker im Vorbeigehen auf ihn schoss und ihn leicht am Hals verletzte. Als Motiv für seine Tat gab Becker an, dass der König von Preußen entweder unfähig oder unwillig war, die Einigung Deutschlands herbeizuführen. Er wurde daraufhin zu 20 Jahren Zuchthaus verurteilt, jedoch im Oktober 1866 auf Bitten des Königs begnadigt.

Am Sonntag, dem 2. Juni 1878, während einer Fahrt in offener Kutsche auf der Straße „Unter den Linden" in Berlin, wurde Kaiser Wilhelm I. wiederum von Schüssen getroffen, die in diesem Fall aus dem Fenster des Hauses Nr. 18 kamen, das von dem jungen Landwirt Dr. Karl Eduard Nobiling bewohnt wurde. Nobiling schoss mit einer Doppelladung Schrot auf den Kaiser und verletzte ihn schwer an Kopf, Arm und Rücken. Wilhelm überlebte knapp durch das Tragen eines dicken Mantels und einer Pickelhaube, die ihn vor dem Tod bewahrten. Der psychisch kranke Attentäter versuchte, sich unmittelbar nach dem Anschlag selbst zu erschießen und erlag seinen Verletzungen, bevor er vor Gericht gestellt werden konnte. Nobiling gab an, dass er Ruhm erlangen und seinen Namen für die Nachwelt überliefern wollte.

Max Hödel, ein Klempnergeselle aus Leipzig, versuchte nur drei Wochen vor Nobilings Attentat, am 11. Mai 1878, ebenfalls ein Attentat auf den Kaiser zu verüben, das jedoch misslang. Reichskanzler Otto von Bismarck lastete beide Attentate der Sozialistischen Arbeiterpartei an, obwohl es keine Beweise für ihre Urheberschaft gab. Dennoch nutzte Bismarck die Vorfälle, um die Revolutionsängste in Deutschland zu schüren und das Sozialistengesetz gegen die Sozialdemokratie und die Arbeiterbewegung auf den Weg zu bringen.

Die beiden Attentate von Becker und Nobiling bilden die Grundlage für dieses Mystery.

Umgewandelt in folgende Rätselgeschichte:
Zwei Männer begehen im Abstand von 17 Jahren dieselbe Tat. Der eine wird begnadigt, der andere tötet sich selbst, bevor ihn das sichere Todesurteil ereilen kann. Seine vermeintlichen Unterstützer werden mit aller Härte verfolgt – ein Fehler, wie sich später herausstellte.

Basiskarten: M1, M3-M5, M7, M9, M11-M18, M20-M24
Vertiefungskarten: M6, M8, M10, M19
Hilfskarte: M2

[1] Basierend auf: Linek, Jenny/Scriba, Arnulf: Attentate auf Kaiser Wilhelm I., Deutsches Historisches Museum, Berlin, 16.8.2016, online: https://www.dhm.de/lemo/kapitel/kaiserreich/innenpolitik/attentate-auf-kaiser-wilhelm-i.html, abgerufen am 7.2.2024

Rätselgeschichte:
Zwei Männer begehen im Abstand von 17 Jahren dieselbe Tat. Der eine wird begnadigt, der andere tötet sich selbst, bevor ihn das sichere Todesurteil ereilen kann. Seine vermeintlichen Unterstützer werden mit aller Härte verfolgt – ein Fehler, wie sich später herausstellte.

1. Lest die Mystery-Geschichte und notiert zunächst Fragen, die sich aus der Mystery-Geschichte ergeben, ohne vorher die Kärtchen anzuschauen
2. Findet anschließend im Team eine Antwort auf diese Fragen, indem ihr die Karten gemeinsam durchgeht. Ordnet und verbindet sie auf sinnvolle Weise miteinander, um so die Lösung deutlich zu machen und sie dem Kurs präsentieren zu können. Möglicherweise findet ihr durch die Lektüre der Kärtchen Antworten auf Fragen, die sich erst im Laufe der Zeit ergeben. Diese sollen natürlich auch in eure Struktur einfließen.

Wissenszuwachs

3. Besprecht gemeinsam, welches weitere (über die reine Lösung des Mysterys hinausgehende) Wissen ihr aus der Erarbeitung gewonnen habt und überlegt euch überordnende Kategorien hierfür.
4. Notiert gemeinsam dieses neu gewonnene Wissen. Kategorisiert, strukturiert ausführlich und stellt es später dem Kurs vor.

Bewertung

5. Gebt pro Gruppe diese strukturierte Übersicht und eine „Wissensübersicht" zur Bewertung für eure Gruppenarbeit ab.

Hilfs-Vorlage

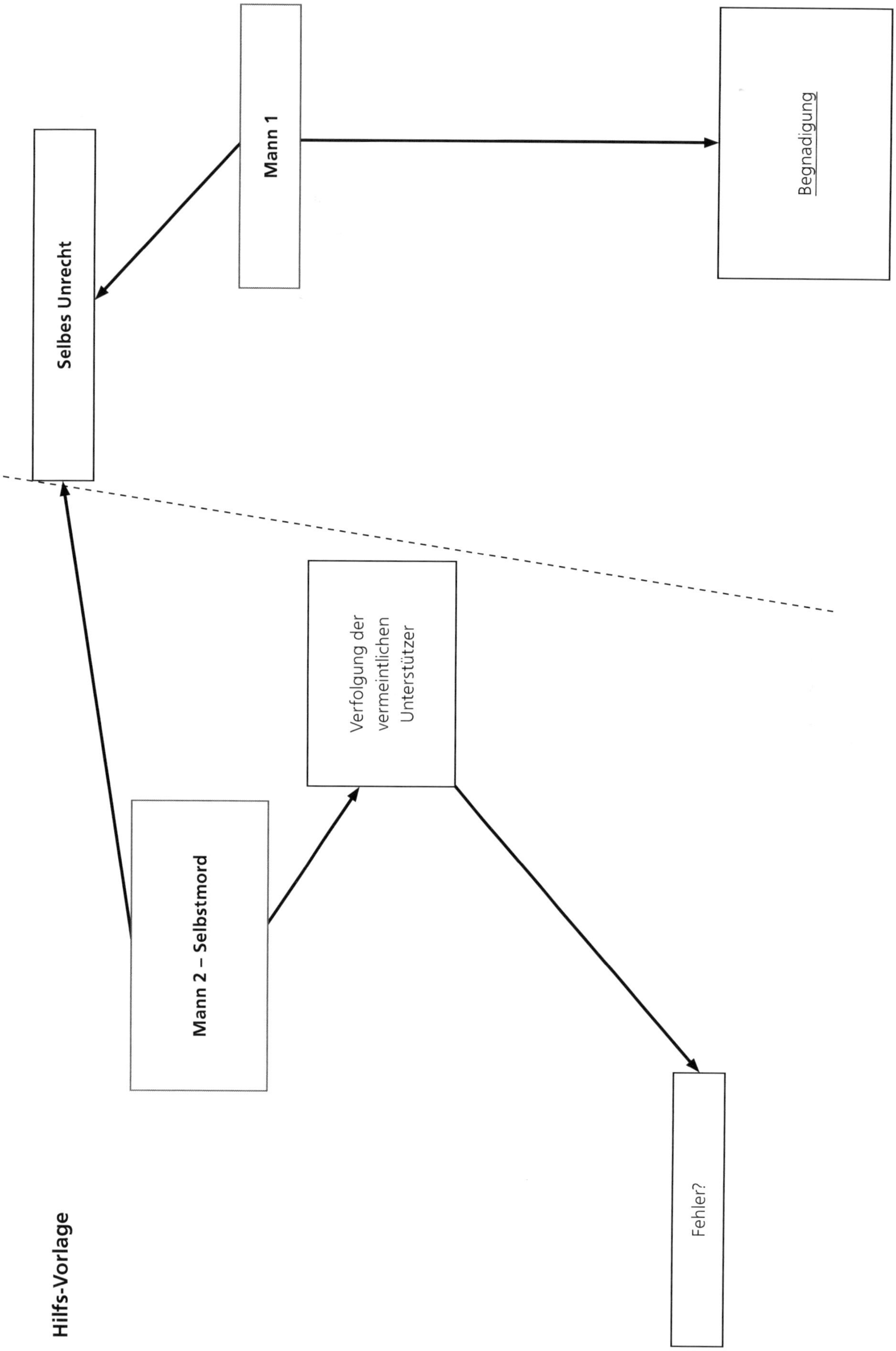

M1 Kaiser Wilhelm I.

* 1797; † 1888, aus dem Haus Hohenzollern war von 1861 bis zu seinem Tod König von Preußen und seit der Reichsgründung 1871 erster Deutscher Kaiser.

Fünf Attentate überstand der alte Haudegen in seinem langen Leben, und noch im Deutsch-Französischen Krieg befehligte er höchstselbst die Schlacht von Sedan. So musste ein Preuße sein, nur Gott fürchten und Otto von Bismarck. Zögernd nur hatte sich Wilhelm nach dem Sieg über Frankreich zur Übernahme ganz Deutschlands überreden lassen. Diesmal hing an der Krone kein Ludergeruch einer Revolution; eher roch sie nach dem Blut, das auf den Schlachtfeldern für die deutsche Einheit vergossen wurde.

Winkler, Willi: Der alte Haudegen, online: https://www.sueddeutsche.de/politik/kaiser-wilhelm-bismarck-1.826969, abgerufen am 7.2.2024.

M2 Hilfskarte: Ein misslungener Versuch

Im Sommer 1861 traf ein Mann namens Becker die Entscheidung, König Wilhelm von Preußen, der im Januar 1861 zum König gewählt worden war, zu ermorden. Er plante seine Reise sorgfältig und reiste am 12. Juli nach Baden-Baden, wo der König sich zu diesem Zeitpunkt zur Kur aufhielt. Becker traf seine Vorbereitungen und feuerte am Vormittag des 14. Juli in der Lichtenthaler Allee beide Läufe seines Terzerols auf den König ab, der zusammen mit dem preußischen Gesandten in Karlsruhe, Graf Flemming, dort entlangging. Glücklicherweise hatte die Kugel den Hals des Königs nur gestreift und verursachte lediglich eine Contusion von etwa 2½ cm Durchmesser. Zwar war die Stelle mit Blut unterlaufen, die Verletzung war jedoch ohne jede Gefahr.

M3 Geschichte der SPD

1875 vereinigten sich der Allgemeine Deutsche Arbeiterverein (1863 von Ferdinand Lassalle (1825–1864) gegründet) und die Sozialdemokratische Arbeiterpartei (1869 von August Bebel (1840–1913) und Wilhelm Liebknecht (1826–1900) gegründet) in Gotha zur Sozialistischen Arbeiterpartei Deutschlands (SAP), die 1891 in Sozialdemokratische Partei Deutschlands (SPD) umbenannt wurde. Die Sozialdemokratie, in erster Linie getragen und gewählt von der rasch wachsenden Industriearbeiterschaft, blieb lange der marxistischen Theorie verhaftet.

Die Sozialdemokratie setzte sich vehement für die Durchsetzung demokratischer Gleichheits- und Teilhaberechte ein und befand sich in fundamentaler Opposition zum politischen System des Kaiserreiches und seinen Führungsschichten.

Parteien im Kaiserreich 1871–1918, online: https://www.bundestag.de/resource/blob/190460/1f051c9203a7d0d6fb19c9ae2fc66847/parteien_kaiserreich-data.pdf, abgerufen am 7.2.2024.

M4 Aus dem Reichsgesetzblatt 1878

Gesetz gegen die gemeingefährlichen Bestrebungen der Sozialdemokratie.

Vom 21. Oktober 1878
Wir Wilhelm, von Gottes Gnaden Deutscher Kaiser, verordnen nach erfolgter Zustimmung des Bundesraths und des Reichstags, wie folgt:

Vereine, welche durch sozialdemokratische, sozialistische oder kommunistische Bestrebungen den Umsturz der bestehenden Staats- oder Gesellschaftsordnung bezwecken, sind zu verbieten.

Dasselbe gilt von Vereinen, in welchen sozialdemokratische, sozialistische oder kommunistische auf den Umsturz der bestehenden Staats- oder Gesellschaftsordnung gerichtete Bestrebungen in einer den öffentlichen Frieden, insbesondere die Eintracht der Bevölkerungsklassen gefährdenden Weise zu Tage treten.

Ausgegeben zu Berlin den 22. Oktober 1878

Reichs-Gesetzblatt 1878, S. 351.

M5 Motive und Tod

Als der Mann namens Nobiling feststellte, dass er entdeckt worden war, entschloss er sich zu einem Selbstmordversuch und schoss sich mit einer Flinte in die Schläfe. Anschließend wurde er von Passanten überwältigt und festgenommen. Aufgrund seiner schweren Verwundungen waren Nobilings Aussagen im Polizeirevier am Molkenmarkt nur bruchstückhaft und gaben keinen Aufschluss darüber, ob seine Tat von einer anarchistischen oder sozialistischen Motivation geleitet war, obwohl er vor der Tat lose Kontakte zu sozialistischen Agitatoren hatte.

Die Befragungen ergaben keine Hinweise auf Hintermänner, sondern machten deutlich, dass Nobilings Tat durch seine prekäre finanzielle Lage, Zukunftsängste, Geltungssucht und verworrene sozialistische Ansichten motiviert war. In der Nacht vom 2. auf den 3. September unternahm er einen weiteren Selbstmordversuch, bevor er eine Woche später an einer Hirnhautentzündung starb, die von der Kugel herrührte, die seit dem ersten Selbstmordversuch in seinem Gehirn steckte.

M6 Vertiefungskarte: Wahrnehmung der Arbeiterbewegung

So besaß innerhalb der Bewegung das Wort von Wilhelm Liebknecht Gültigkeit, der unmittelbar vor der Reichsgründung das sich abzeichnende kommende staatliche Gebilde als den „krassesten Absolutismus" bezeichnete, dessen Bestimmung es sei, eine „fürstliche Versicherungsanstalt gegen die Demokratie" zu etablieren.

Reichskanzler Bismarck meinte, „in den sozialdemokratischen Elementen" sei ein Feind zu sehen, „gegen den der Staat, die Gesellschaft" sich in einer Notwehrsituation befinden würde.

Die Sozialdemokratie als Emanzipationsbewegung, die Gleichberechtigung aller Staatsbürger und Demokratisierung der Gesellschaft auf ihre Fahnen schrieb, wurde [demnach] als Herausforderung für den Staat begriffen.

Mühlhausen, Walther: Ausgrenzung und Opposition. Sozialdemokratische Arbeiterbewegung und Reichsgründung, online: https://www.demokratie-geschichte.de/index.php/3187/ausgrenzung-und-opposition-sozialdemokratischebrarbeiterbewegung-und-reichsgruendung/, abgerufen am 7.2.2024.

M7 Tag von Sedan

Bildnachweis: Berlin-George (CC BY-SA 4.0)

Die 25-jährige Sedanfeier 1895 wurde von der Stadt Brehna in der Provinz Sachsen zu Ehren der Kriegsveteranen veranstaltet und es wurde eine silberne Medaille gestiftet.

Der Sedantag war ein jährlicher Gedenktag, der im Deutschen Kaiserreich begangen wurde und immer am 2. September stattfand. Er erinnerte an die Kapitulation der französischen Armee am 2. September 1870 nach der Schlacht bei Sedan, in der preußische, bayerische, württembergische und sächsische Truppen den entscheidenden Sieg im Deutsch-Französischen Krieg errungen hatten.

M8 Vertiefungskarte: Kaiser Wilhelm und Bismarck

Gegenüber [seinem Vorgänger,] dem liberalen, kunstsinnigen Friedrich Wilhelm hatte Wilhelm als etwas tumber, jedenfalls reaktionärer Militarist gegolten. Nach dem überstandenen ersten Attentat verbündete sich Wilhelm 1862 mit dem preußischen Diplomaten Otto von Bismarck, der als neuer Ministerpräsident eine höchst dynamische Machtpolitik einleitete.

Wilhelm bremste eher, doch an der Energie seines engsten politischen Mitarbeiters änderte das wenig. Bismarck gelang es, die Nationalbegeisterung im zerklüfteten und weithin handlungsunfähigen Deutschen Bund für das Herrscherhaus zu nutzen. Am Ende stand am 18. Januar 1871 die Proklamation Wilhelms zum Deutschen Kaiser.

Kellerhoff, Sven: Dieses Attentat auf den Kaiser erfreute den Kanzler, online: https://www.welt.de/geschichte/kopf-des-tages/article231521507/Wilhelm-I-Dieses-Attentat-auf-den-Kaiser-erfreute-den-Kanzler.html, abgerufen am 7.2.2024.

M9 Ausgrenzender Nationalismus

Nach der Reichsgründung war es erst einmal notwendig, die überkommenen partikularstaatlichen Identifikationen durch einen übergreifenden Reichsnationalismus wenn nicht zu ersetzen, so doch zu ergänzen und zu überwölben. [...] Von Anfang an ging die Entwicklung des Reichsnationalismus auch mit der Beschwörung äußerer und innerer Reichsfeinde einher, gegen die sich die Nation zusammenschließen und verteidigen müsse. Als reichsfeindlich erschienen [...] auch alle politischen Gegner der offiziellen Reichspolitik wie linksliberale Fortschrittler, „ultramontane" Katholiken und vor allem die Sozialdemokraten mit ihren internationalistischen Orientierungen. Sie wurden auch über die Verfolgung unter den Sozialistengesetzen (1878–1890) hinaus als „vaterlandslose Gesellen" (Wilhelm II.) aus der Nation ausgegrenzt. Hinzu kam ein schwelender Antisemitismus.

Kruse, Wolfgang: Nation und Nationalismus, online: https://www.bpb.de/themen/kolonialismus-imperialismus/kaiserreich/138915/nation-und-nationalismus/, abgerufen am 7.2.2024.

M10 Vertiefungskarte: Wandel des Sedantages

Eine symbolische Wandlung vollzog sich auch in der Inszenierung des Sedantags nach 1890, der unter Wilhelm I. noch ein Ehrentag der Armee gewesen war. Unter dem neuen Kaiser Wilhelm II. ging der direkte Bezug zur siegreichen Schlacht zunehmend verloren; nationalistische Überheblichkeit, angriffslustiges Gebaren, imperiale Machtansprüche und ein Gefühl der militärischen Unbezwingbarkeit prägten nun die Feierlichkeiten, die ein Abbild der wilhelminischen Kultur waren.

Pfeil, Ulrich: Versailles und der Deutsch-Französische Krieg von 1870/71, online: https://www.bpb.de/shop/zeitschriften/apuz/reichsgruendung-2021/325047/versailles-und-der-deutsch-franzoesische-krieg-von-1870-71/, abgerufen am 7.2.2024.

M11 Darstellung in der Presse 1861

Illustrirte Zeitung 37 (1861).

Am 14. Juli 1861 wurde ein Attentat auf den preußischen König Wilhelm I. in der Lichtenthaler Allee in Baden-Baden verübt. Eine nachempfundene, zeitgenössische Darstellung dieses Ereignisses wurde in der Illustrirten Zeitung veröffentlicht.

M12 Lithografie von Oskar Becker

Porträt von Oskar Becker, 1861.

copy

M13 In der Straße „Unter den Linden"

Aus einem Fenster der zweiten Etage des Hauses Nr. 18 gab der Attentäter zwei aufeinanderfolgende Schüsse aus einer Schrotflinte ab. Wilhelm, der sich auf dem Weg in den Tiergarten befand, wurde im Gesicht, am Hinterkopf, an beiden Armen sowie am Rücken verletzt. Weitere Kugeln hatten den Fond des offenen Wagens durchlöchert, einige waren durch das Außenleder der Wagenseite eingedrungen und am Boden liegen geblieben. Schwer getroffen sank der Kaiser gegen den vom Kutschbock in dem Wagen gesprungenen Feldjäger. Der Kutscher wendete schleunig das Gefährt und eilte mit dem verletzten Monarchen zurück zum Schloss."

Mühlnikel, Marcus: „Fürst, sind Sie unverletzt?" Attentate im Kaiserreich 1871–1914, Paderborn 2014, S. 51.

M14 Leben nach der Tat

Wenn das Attentat von Becker erfolgreich gewesen wäre, hätte er den Mann getötet, der neuneinhalb Jahre später zum ersten Kaiser des Deutschen Kaiserreiches ernannt wurde.

Becker wurde von einem Schwurgericht in Bruchsal zu einer Haftstrafe von 20 Jahren verurteilt, jedoch im Oktober 1866 aufgrund einer Begnadigung des Königs Wilhelm entlassen. Er ging nach Belgien, wo er sich jedoch wieder politisch betätigte, was die preußische Gesandtschaft dort nicht guthieß. Er zog daraufhin nach Chicago in die USA, kehrte jedoch 1868 nach Europa zurück und starb im Juli desselben Jahres im Alter von 29 Jahren in Alexandria.

M15 Sedantag an Schulen

Nach dem Krieg wuchs dem 2. September als „Sedantag" so etwas wie die Rolle eines Nationalfeiertages im Zeremoniell des frisch geeinten Deutschen Reiches zu. Wobei hierbei zu betonen ist, wie die neuere Forschung dargestellt hat, dass es sich bei der Etablierung und der jeweiligen Durchführung der Tage weniger um zentralistische, staatliche Initiativen gehandelt habe, sondern eher um das Engagement bürgerlicher Vereine. Gottesdienste, Umzüge, Denkmaleinweihungen, Bälle, Reden, Musik und Volksbelustigung gehörten zu den wiederkehrenden Elementen der örtlich ausgerichteten Feierlichkeiten. Dieser bürgerlichen Festkultur entsprechend wurden auch an den Schulen des Reiches Bemühungen unternommen, de Tag gebührend zu feiern.

Regenbrecht, Niklas: „Ach, schweigt von eurem Sieg.", online: https://www.alltagskultur.lwl.org/de/blog/sedantag-in-der-schule/, abgerufen am 7.2.2024.

M16 Bekennerschreiben

Baden, 13. Juli 1861.

Das Motiv, weshalb ich Se. Maj. den König von Preußen erschießen werde, ist, daß derselbe die Einigkeit Deutschlands nicht herbeiführen kann und die Umstände überwältigen, daß die Einheit stattfindet; dieserhalb muß er sterben, daß ein anderer es vollbringt. Man wird mich um der That willen lächerlich machen oder für überspannt halten; ich aber muß die That vollziehen, um das deutsche Vaterland glücklich zu machen.

O. Becker, stud. jur. aus Leipzig.

Dietze, Carola: Die Erfindung des Terrorismus in Europa, Russland und den USA 1858–1866, Hamburg 2016, S. 596.

M17 Was 1878 in der Zeitung zu lesen war

Bereits am Morgen nach dem Attentat berichtete das konservative „Bielefelder Tageblatt", dass Nobiling nicht nur „socialdemokratischen Tendenzen huldige", sondern auch wiederholt „socialdemokratischen Verhandlungen beigewohnt" und „schon seit acht Tagen die Absicht gehabt" habe, „den Kaiser zu erschießen". Einige Tage später war zu lesen, dass „die Vernehmung des Verbrechers" ergeben habe, dass „die geistige Luft, die er geathmet, in welcher seine Handlung groß geworden sei, die socialdemokratische Lehre gewesen ist."

Wagner, Bernd J., 2. Juni 1878: Das Attentat auf Kaiser Wilhelm und seine Auswirkungen auf die Liberalen und Sozialdemokraten in Bielefeld, https://historischer-rueckklick-bielefeld.com/2018/06/01/01062018

M18 Lithographie von Karl Eduard Nobiling

Karl Eduard Nobiling (Illustrirte Zeitung 1878).

M19 Vertiefungskarte: Integrierter Teil der Nation?

In der Forschung gehen die Auffassungen darüber, wie stark die SPD trotz ihrer revolutionären und internationalistischen Programmatik im frühen 20. Jh. tatsächlich in das Kaiserreichs integriert war, weit auseinander. Manche Autoren sehen einen bereits weitgehend vollzogenen nationalen Integrationsprozess [...]. Andere betonen den eher negativen, über Formen scharfer Ausgrenzung und Opposition vollzogenen Charakter der sozialdemokratischen Integration in das gesellschaftspolitische System des Kaiserreichs, der mehr den Wunsch auf gleichberechtigte Teilhabe als ihre Verwirklichung hervorgebracht habe.

Kruse, Wolfgang: Sozialdemokratie zwischen Ausnahmegesetzen und Sozialreformen, online: https://www.bpb.de/themen/kolonialismus-imperialismus/kaiserreich/139650/sozialdemokratie-zwischen-ausnahmegesetzen-und-sozialreformen/, abgerufen am 7.2.2024.

M20 Folgen der Sozialistengesetze

Die Verfolgung unter dem Sozialistengesetz hinterließ bei vielen Menschen tiefe Verbitterung und führte zu einer dem Staat fremd gegenüberstehenden sozialdemokratischen Milieukultur. Die Sozialdemokratie zu zerschlagen, gelang Bismarck mit dem bis 1890 immer wieder verlängerten Sozialistengesetz nicht. Zwar war die SAP ab 1878 offiziell verboten, ihre Reichstagsfraktion blieb jedoch bestehen: Da die Wahlgesetzgebung die reine Persönlichkeitswahl vorsah, behielten die Sozialdemokraten ihre Reichstagsmandate. Die sozialdemokratische Fraktion konnte ihre Stimmen bis 1890 verdreifachen: Bei den Reichstagswahlen von 1881 bis 1890 nahmen die Stimmen für Sozialdemokraten von etwa 312.000 auf 1,4 Millionen zu.

Scriba, Arnulf: Das Sozialistengesetz, online: https://www.dhm.de/lemo/kapitel/kaiserreich/innenpolitik/sozialistengesetz, abgerufen am 7.2.2024.

copy

M21 Stolz oder Demütigung?

Insgesamt, so später die Bilanz des Vorsitzenden August Bebel, wurden schon in den ersten Monaten mindestens 900 Sozialdemokraten und ihre Familien aus ihren Wohngebieten verjagt und verbannt. Viele emigrierten in die Schweiz, nach Skandinavien und bis in die USA. 153 Vereine wurden verboten, darunter Turn-, Gesangs- und Arbeiterbildungsvereine. Die Gerichte verhängten in den zwölf Jahren rund 1000 Jahre Gefängnis- und Zuchthausstrafen. Das Leid und die Demütigungen hafteten im kollektiven Gedächtnis der Partei sehr viel stärker als der Stolz darüber, die zwölf Jahre der Illegalität überlebt zu haben und in dieser Zeit sogar von Wahl zu Wahl gewachsen zu sein.

Faerber-Husemann, Renate: Geschichte aktuell: 125 Jahre nach dem Sozialistengesetz, online: https://www.deutschlandfunk.de/geschichte-aktuell-125-jahre-nach-dem-sozialistengesetz-100.html, abgerufen am 7.2.2024.

M22 So äußern sich Sozialdemokraten 1878

Dieser Nobiling war ein Aristokrat vom reinsten Wasser. Unter uns Sozialisten war er vollständig unbekannt. Sehr befreundet war er aber mit den erbittertsten Gegnern unserer Sache. Er war kein Mitglied unserer Partei, er las kein sozialdemokratisches Blatt und er schrieb für keines nur eine Zeile. Wohl aber schrieb er für den „Capitalist", ein Börsenblatt, das früher in Stuttgart herausgegeben wurde, wohl aber spielte er an der Berliner Börse, war also ein Börsenjobber. Und der soll Sozialdemokrat sein? Die das in den Blättern schreiben, sie glauben es selber nicht, aber das Volk halten sie für dumm genug, um ihm einen solchen Bären aufbinden zu können.

Flugblatt der Sozialistischen Arbeiterpartei Heilbronn vom 10. Juni 1878,Transkription.

M23 Was herausgefunden wurde

Inzwischen hatten Zuschriften an die gerichtlichen Behörden sowie unbedachte Äußerungen einzelner Personen und anderer Momente die Annahme bestärkt, daß ein Complot vorläge, und die Aufmerksamkeit der Behörden richtete sich während des Juni d. J. ganz vorwiegend auf die Ermittelung bezüglicher That-Umstände. Aber die angestrengtesten Bemühungen haben weder einen Anstifter des Attentats noch einen Gehülfen, noch einen Mitwisser desselben (d. h. einer Person, die von dem Attentatsplane Kenntniß gehabt und ihn der Behörde nicht denunziert hatte) entdecken lassen.

Heidelberger Volksblatt, 26.9.1878, S. 451, online: https://digi.ub.uni-heidelberg.de/diglit/hdvb1878/0453/image,text_ocr, abgerufen am 7.2.2024.

M24 „Reichsfeind"?

Der 1863 gegründete ADAV sowie die 1869 gegründete SDAP schlossen sich 1875 auf dem Gothaer Kongress zur SAP zusammen. Damit verfügte Deutschland im Unterschied zu anderen europäischen Ländern über eine einheitliche sozialistische Partei. Programmatisch stand die SAP in grundsätzlicher Opposition zum politischen System des Kaiserreichs.

Bismarck und die Sozialdemokraten, online: https://www.br.de/radio/bayern2/sendungen/radiowissen/geschichte/bismarck-sozialdemokraten100.html, abgerufen am 7.2.2024.

Beispiellösung

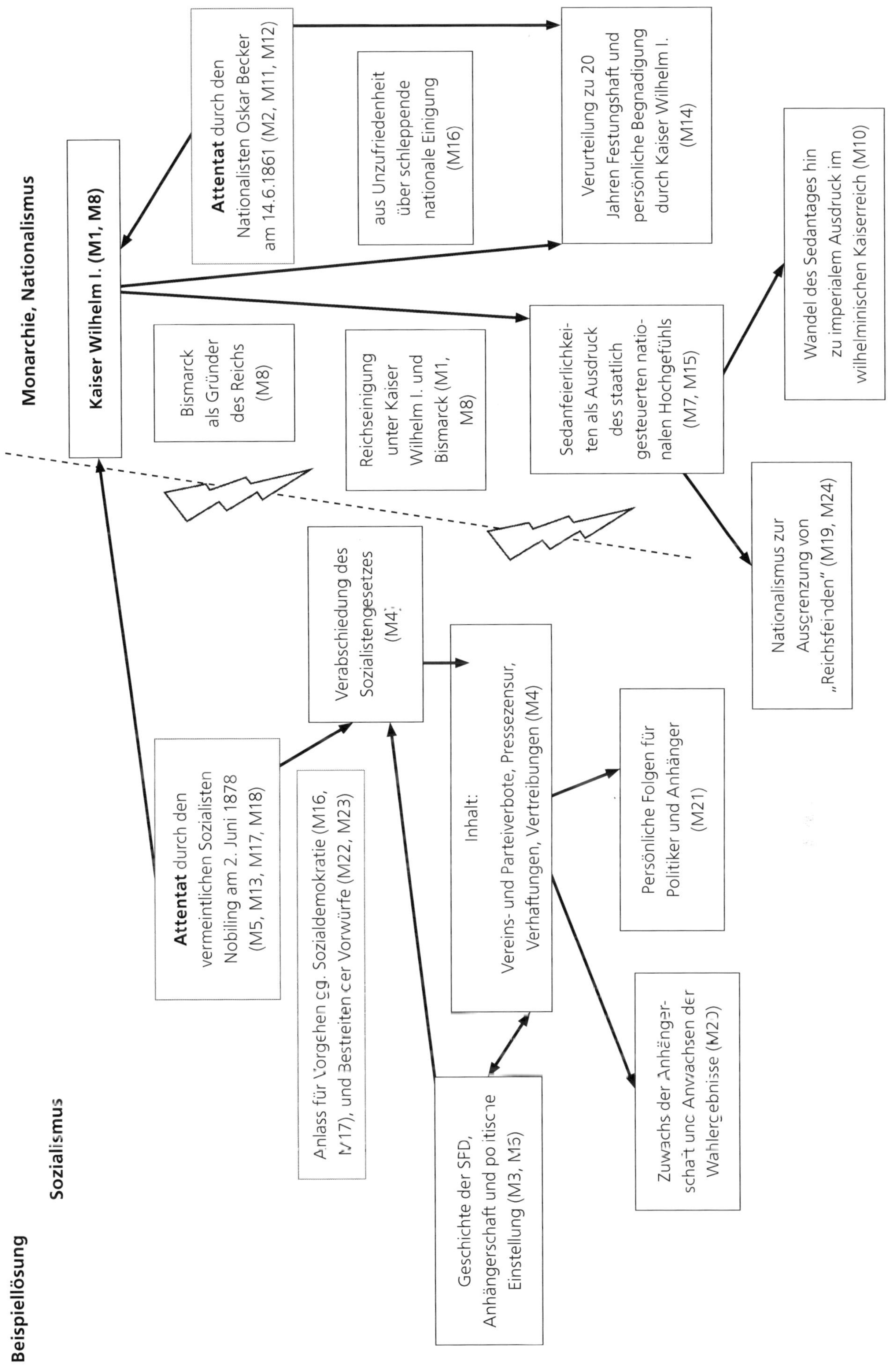

Zur Mystery-Methode:

Mystery in Geschichte, Landesbildungsserver Baden-Württemberg: https://www.schule-bw.de/faecher-und-schularten/gesellschaftswissenschaftliche-und-philosophische-faecher/geschichte/unterricht/methodik-didaktik/einzelmethoden/mystery/index.html

Fridrich, Christian: Kompetenzorientiertes Lernen mit Mysterys. Didaktisches Potenzial und methodische Umsetzung eines ergebnisoffenen Lernarrangements, GW-Unterricht, https://www.gw-unterricht.at/images/pdf/gwu_140_50_62_fridrich.pdf

Meister, Jennifer: Eine videogestützte Prozess- und Produktanalyse der Systemkompetenz – am Beispiel der Bearbeitung eines Mysterys, Dissertation, Gießen 2019, unter: http://geb.uni-giessen.de/geb/volltexte/2021/15846/

Publikationen:

Dempf, Peter: Arbeit war ihr Leben. Die Lebensumwelt der Fabrikarbeiterschaft im 19. Jahrhundert, in: Praxis Geschichte, 2/2020, S. 20–27.

Kaufhold, Angelika: Mysterys im Geschichtsunterricht 5–10.

Kühl, Hans-Martin: Der Erste Kreuzzug. Ein Mystery zu Ritter Gottfried von Bouillon, in: Praxis Geschichte 3/2019, S. 12–17.

Leat, David: Thinking Through Geography. Cambridge 1998.

Leat, David/Nichols, Adam: Mysteries Make You Think. Sheffield 1999.

Müller, Sandra/Stark, Julika: Heinz, Fritz, das Geschenk und andere Verdächtige – „Jugend im Nationalsozialismus" als Mystery, in: Praxis Geschichte 3/2007.

Zum Vormärz:

Siemann, Wolfram: Restauration, Liberalismus und nationale Bewegung (1815–1870). Akten, Urkunden und persönliche Quellen (= Quellenkunde zur deutschen Geschichte der Neuzeit von 1500 bis zur Gegenwart, hg. v. Winfried Baumgart. Bd. 4). Darmstadt 1982.

Siemann, Wolfram: Metternich. Staatsmann zwischen Restauration und Moderne (= Beck'sche Reihe Wissen, Bd. 2484). München 2010.

Die Protokolle des Carlsbader Congresses von 1819, online unter: https://de.wikisource.org/wiki/Die_Protokolle_des_Carlsbader_Congresses_von_1819

Mommsen, Wolfgang J.: 1848. Die ungewollte Revolution. Die revolutionären Bewegungen in Europa 1830–1849. Frankfurt/M. 1998.

Karlsbader Beschlüsse sind abgedruckt bei: Huber, Ernst Rudolf (Hg.): Dokumente zur deutschen Verfassungsgeschichte Bd. 1, Stuttgart 1961, Nr. 31–33 (S. 90–95).

Schieder, Theodor: Vom Deutschen Bund zum Deutschen Reich 1815–1871, 16. Aufl. 1999 (Gebhardt Handbuch der deutschen Geschichte, hg. von Herbert Grundmann, Bd. 15 der Taschenbuchausgabe).

Zur Sozialistengesetzgebung:

Hardtwig, Wolfgang: Vormärz. Der monarchische Staat und das Bürgertum, München.

Mühlhausen, Walter: Ausgrenzung und Opposition, in: Sozialdemokratische Arbeiterbewegung und Reichsgründung, in Einigkeit und Recht doch Freiheit? 150 Jahre Kaiserreich.

Müller, Sandra/Stark, Julia: „... dass ich für Deutschlands Freiheit sterbe." Das Attentat auf Kotzebue und seine Instrumentalisierung, in: Praxis Geschichte 2/2010, S. 16–20.

Schmidt, Jürgen: Das Sozialistengesetz – Demokratiegeschichtlicher Sündenfall des deutschen Kaiserreichs, in: Sozialdemokratische Arbeiterbewegung und Reichsgründung, in Einigkeit und Recht doch Freiheit? 150 Jahre Kaiserreich.